AF246821

LETTRE

A

M. GRANIER

(DE CASSAGNAC).

◆━◆◆━◆

PARIS.

IMPRIMERIE ET FONDERIE DE E.-J. BAILLY,

PLACE SORBONNE, 2.

1842

LETTRE

A

MONSIEUR GRANIER

(DE CASSAGNAC).

Dans les fragmens du livre que vous publiez , Monsieur, sous le titre de *Voyage aux Antilles*, vous avez pris à tâche d'injurier les nègres et les mulâtres, afin de gagner, sans doute, l'argent que vous ont donné les blancs. Toujours est-il , Monsieur, que vous n'avez encore débité que des mensonges, comme nous allons le démontrer.

Si vous vous étiez contenté d'écrire en observateur qui cherche la vérité, qui dit simplement et ingénument ce qu'il sait et ce qu'il sait bien , nous n'aurions eu rien à répondre ; nous laisserions au public le soin de juger votre jugement sur la société coloniale, quel que fût votre jugement. Mais rançonner les blancs des colonies sous prétexte de soutenir l'esclavage des noirs, mais injurier tout une race, se poser la lance en arrêt contre la troisième partie du monde, avilir tout à la fois les nègres par de grossiers mensonges et les blancs par de grossiers complimens , c'est compromettre la cause coloniale tout entière, et votre impudence doit être châtiée. Nous vous renvoyons quelques vérités pour tant d'injures , et nous dirons ces vérités sans ménagement : car on ne doit rien à qui ne respecte rien.

Vous avez dit quelque part, en réponse aux réflexions publiées sur votre mésaventure du Port-au-Prince : « Je puis laisser dire « que je suis un *roturier;* mais je ne laisserai jamais dire que je « ne suis pas un *homme d'honneur.* » Eh bien ! Monsieur, nous vous dirons, nous , que vous n'êtes pas un *homme d'honneur.* Nous le disons et nous le prouvons.

Quelle a été votre conduite au Port-au-Prince? Voici les faits :

La jeunesse haïtienne, justement indignée des infamies que vous aviez publiées dans la *Revue de Paris* sur les nègres et sur les mulâtres, vous a reçu comme vous le méritiez. A votre arrivée dans la capitale de cette république de nègres, vous avez été accueilli par un charivari. Dans la soirée du 17 avril, l'effervescence des jeunes gens était à son comble. Un d'entre eux, M. Nathan, pour calmer cette effervescence et éviter une rixe fâcheuse (nous le tenons de M. Nathan lui-même, que nous avons vu depuis à Paris), vous fit provoquer par la lettre suivante, qui vous fut remise en présence de M. Capo de Feuillide, votre ami, et de l'état-major de la corvette la *Perle*, su laquelle vous vous étiez réfugié :

« A Monsieur Granier (*de Cassagnac*).

« Vous êtes un *insolent et un lâche*, entendez-vous bien ?
« Un *lâche et un insolent*; je vous crache ces mots à la figure.
« Je le soutiendrai et vous le prouverai les armes à la main, au-
« jourd'hui même, sur le tillac même du bâtiment qui vous porte,
« si le capitaine m'engage sa parole d'honneur que tout s'y pas-
« sera loyalement.

« De quelque prétexte que vous coloriez un refus, si votr
« bassesse et votre lâcheté vont jusqu'à refuser, nous n'en resto
« rons pas moins convaincus ici que vous êtes ce que je disais a
« commencement, un *insolent et un lâche*.

« *Signé* C. NATHAN, *de race nègre.* »

A cette provocation, vous avez répondu par une honteuse rétractation ; vous vous êtes donné un démenti à vous-même ; et lorsque les amis de M. Nathan vous représentaient la *Revue de Paris*, dans laquelle se trouvaient imprimées vos plates injures, vous avez attribué cet écart à votre extrême jeunesse, disant que vous aviez été mal renseigné par un de vos amis qui prétendait avoir long-temps habité le pays. Vous avez pris Dieu à témoin de vos bonnes intentions, de vos sympathies pour les nègres, tout en disant qu'en extrayant des phrases isolées de l'Évangile, vous vous faisiez fort de prouver que l'Évangile nie l'existence de Dieu ! — C'est avec de pareils sophismes que, de

puis votre retour à Paris, vous prétendez prouver aussi, 1° « que
« le Christianisme autorise l'esclavage ; 2° qu'il n'y a pas d'es-
« clavage aux colonies dans le sens rigoureux du mot, car il n'y
« a pas d'arbitraire. » — Donc, pour concilier vos deux propo-
sitions, le Christianisme *autorise l'arbitraire*. Mais, ne nous
écartons pas de notre sujet ; nous n'avons pas ici mission de ré-
futer toutes vos niaiseries, tous vos sophismes, tous vos paradoxes.

Depuis votre retour à Paris, oubliant vos rétractations du
Port-au-Prince, vous avez recommencé de plus belle. Mais,
rentrer en scène, après la mésaventure du Port-au-Prince, la
chose n'était pas facile ! car le *Français, né malin*, est aussi
très chatouilleux sur le point d'honneur ; et les colons, qui vous
avaient donné mandat, à la Guadeloupe, de les représenter à
Paris, comme leur délégué, sont tous, à part leurs préjugés de
couleur, gens d'honneur et gens de cœur. Force vous fut donc,
pour expliquer votre étrange conduite en Haïti, d'écrire que « si
« vous avez eu *peur* de M. Nathan, la *peur* n'est pas toujours
« un défaut ; qu'il est excusable à Saint-Domingue d'avoir *peur*
« des mulâtres et des nègres ; ces messieurs ont coupé à petits
« morceaux assez de vieillards, ont écartelé assez d'enfans, ont
« éventré assez de femmes enceintes, pour n'être pas très rassu-
« rans. » C'est, nous en convenons, une excellente raison pour
les gens dont le courage est au bout d'une plume ; mais pour
les colons, pour ces créoles qui, comme vous le dites si bien, « se
« battent à dix pas, avec un fusil à deux coups ; à cinq pas, avec
« deux pistolets, » nous doutons qu'ils se paient de cette raison-
là ; ils se serviront bien de vous comme d'un instrument très do-
cile ; vous pourrez encore compter sur leurs écus ; mais quant à
leur estime, cette monnaie-là n'est pas faite pour vous. Les colons n'aiment pas les lâches.

Mais voici quelque chose qui change la question, sans changer
votre position, M. Granier. Dans votre manie de calomnier,
vous vous étiez attaqué à un honnête homme, loyal, désintéressé ;
nous avons nommé M. Janvier. Vous aviez écrit, répandu des
choses outrageantes sur cet honorable député. M. Janvier, qui
n'est ni un nègre ni un mulâtre, et qui n'a jamais coupé à petits
morceaux des vieillards, écartelé des enfans, ni éventré des
femmes enceintes, ne devait pas vous faire *peur*. Eh bien !
comment avez-vous répondu aux explications qui vous ont été

demandées par M. Janvier? Par des sophismes, par des escobarderies dignes de vous, de vous seul, M. Granier. Qu'avait fait M. Janvier? M. Janvier n'avait pas cru devoir accepter le mandat de délégué qui lui était offert par les colons de la Guadeloupe, aux appointemens de 20,000 francs par an; il avait refusé ce traitement en acceptant le mandat qui lui donnait pour collègue un honnête homme, M. de Jabrun; et lorsqu'à de nouvelles élections ce mandat lui fut renouvelé, M. Janvier donna sa démission le jour même qu'on apprit à Paris, par la voie des journaux, que vous, monsieur Granier, étiez donné pour collègue à M. Janvier, à la place de M. Jabrun.

Vous, monsieur le gentilhomme de vieille roche; vous, qui dédaignez d'expliquer aux hommes du *National* « comment il « est faux, historiquement et héraldiquement parlant, que vous « soyez un *roturier*, parce que ce seraient des matières qui les « embarrasseraient un peu; » vous, qui affirmez que « Louis XIV « fit faire par des commissaires royaux, en 1666 et 1696, un re-« censement rigoureux de la noblesse de France, que votre fa-« mille fut maintenue dans sa qualité et dans ses priviléges de « noblesse par les commissaires de la généralité de Móntauban,...» de Montauban, qui a nommé M. Janvier député; vous, le grand seigneur aux anciennes mœurs françaises, vous avez accepté les 20,000 fr. de salaire des colons, et quelques bagatelles encore! M. Janvier, lui, bourgeois, a refusé tout traitement. Ce généreux désintéressement d'un bourgeois, d'un *roturier*, contraria le penchant du *gentilhomme*. Il était donc très naturel qu'un homme de votre espèce commençât par injurier M. Janvier, et finît par lui adresser des excuses.

Tout récemment, dans le *Globe*, vous outragez M. Schœlcher de la manière la plus horrible. Comment vous êtes-vous tiré de ce mauvais pas? Par une nouvelle rétractation. Comment avez-vous répondu aux provocations de M. Schœlcher, aux explications demandées par ses amis? Par de lâches excuses, selon votre usage, mon gentilhomme; vous cachant derrière le gérant responsable du *Globe,* qui déclarait, lui, formellement « qu'il déclinait la responsabilité des injures adressées à « M. Schœlcher, qu'il n'était pas l'auteur de ces articles inju-« rieux. » Tous les moyens employés pour vous faire entrer en scène, pour vous faire prendre la place de votre gérant, qui refusait obstinément toute satisfaction, repoussant la responsabi-

lité de vos articles injurieux, n'ont pu vous décider à vous
avouer auteur de vos articles, à faire *acte de noblesse;* vous
vous êtes constamment tenu *caché* comme à bord de la corvette
la *Perle,* comme s'il se fût agi d'un mauvais coup, soutenant vos
paradoxes, vos sophismes, nous ne dirons pas avec une plume
d'*esclave,* mais avec une plume de *valet.* M. Schœlcher, pour
vous mettre au pied du mur, a depuis déplacé la question ; il a
écrit en ces termes une lettre rendue publique :

« Un article d'un journal spécialement consacré à la défense
« d'une certaine opinion des colonies m'avait attaqué à propos
« de l'extrait de mon livre. J'ai demandé le nom de l'auteur ; on
« a refusé de le nommer. J'ai demandé alors au rédacteur en
« chef rétractation ou réparation. J'ai obtenu rétractation. Je
« devais croire que les injures en resteraient là, et que, après
« avoir déclaré publiquement *ne pas mettre en doute ma*
« *bonne foi* et ma loyauté, on userait désormais envers un écri-
« vain sincère et loyal d'une polémique convenable, par laquelle
« seule la vérité peut se manifester et les hommes de conscience
« s'éclairer. C'est ce que je désirais pour le profit de tous.

« Au lieu de cela, en réponse au second extrait de mon ou-
« vrage, je trouve dans le même journal d'outrageantes insinua-
« tions.

« Les voies plus directes de l'honneur offensé doivent être
« abandonnées à l'égard de pareils hommes ; et, quelque répu-
« gnance que l'on éprouve à se défendre de la calomnie, il faut
« s'y résoudre. Je réponds donc à l'auteur des articles, quel
« qu'il soit, *à celui qui,* malgré son intention évidente d'insulte
« personnelle, s'est lachement caché *derrière la rédaction*
« *générale;* je réponds :

« Vous m'accusez d'avoir proféré contre ma mère « des choses
« si horribles qu'on ne saurait les répéter. » — « Cela est faux,
« et il n'y a que l'âme *la plus vile du monde qui puisse men-*
« *tir ainsi.* »

Eh bien ! monsieur Granier, vous avez fait la sourde oreille ;
vous n'avez pas voulu comprendre l'apologue.

Qu'avez-vous répondu, vous, monsieur Granier, à M. Schœlcher ? Avez-vous cessé de vous *cacher lâchement derrière la*
rédaction générale ? Non ; vous avez encore une fois esco-
bardé ; vous avez encore, avec votre aplomb *phénoménal,* dé-
tourné le coup, en ergotant, en épiloguant sur les mots, évitant

d'arriver au fait, à la question. — Un vieil adage, que vous devriez cependant connaître, puisque vous vous prétendez d'origine nobiliaire, dit : *Noblesse oblige*. Il paraît, monsieur Granier, que noblesse oblige, chez vous, à toujours *avoir peur* et à *se cacher*.

Et c'est vous, Monsieur, qui prétendez que « les nègres sont « des lâches ! que votre bravoure froide et résolue les transporte « d'admiration ! que tous ceux qui ont vu des nègres savent « qu'en plein jour, et à armes égales, il en faut au moins *dix* « pour qu'ils osent résister à un blanc ! » — Cependant, au Port-au-Prince, vous pouviez compter tout à votre aise les nègres qui vous ont fait *peur*, et ceux à qui vous n'avez pas osé résister. Ils n'étaient pas *dix* contre vous, quand M. Nathan vous a envoyé son cartel.

M. Schœlcher, qui n'est pas un nègre, mais qui ne plaisante pas quand l'honneur est offensé, était seul, bien seul. Qu'avez-vous fait, Monsieur ? Répondez, de quoi aviez-vous *peur* cette fois-ci ? Serait-ce par hasard de la canne *phénoménale* et *gigan-tesque* qui avait excité votre grosse gaieté, et que vous commenciez à trouver moins plaisante depuis qu'on en menaçait vos épaules ?

Convenez, monsieur Granier, que vous avez joué un bien sot rôle dans ces trois affaires que nous venons de rappeler ; le triste personnage que vous avez choisi, il faut le dire, n'a pas son pareil en France, ni aux colonies françaises, ni à la Louisiane, ni même à la *Havane, où l'on se bat au fusil et au pistolet comme en pays français ;* à la Havane, que vous représentez aussi par procuration, en attendant l'*exequatur* du gouvernement espagnol, *exequatur* qui vous a été refusé premièrement par Christine, à qui vous l'aviez demandé avant de vous adresser à Espartero.

Comment, M. Granier, vous qui citez à tout propos la bravoure des créoles, chose que personne n'a jamais contestée, vous qui paraissiez admirer cette manière chevaleresque de se faire sauter la cervelle « à dix pas avec un fusil à deux coups ; à « cinq pas avec deux pistolets ; » vous qui vantez avec raison cette bravoure créole, vous avez osé penser que ces créoles admireront votre manière chevaleresque, à vous, de les défendre et de soutenir ce que vous avancez pour leur propre compte : non, Monsieur, non, nous vous déclarons que non.

Une petite question, s'il vous plaît : Comment savez-vous que les créoles sont braves? Vous l'avez sans doute ouï-dire, car vous ne pouvez être juge dans cette question ; vous parlez de bravoure à peu près comme les aveugles parlent des couleurs. Tenez, monsieur Granier, c'est nous qui vous le disons, vous n'êtes pas compétent dans la matière. Toutefois, la nature paraît vous avoir doué d'un toupet *gigantesque et phénoménal,* comme la canne de M. Schœlcher, pardon du rapprochement. Vous avez écrit dans *le Globe :*

  « L'Angleterre avait osé demander à la France que les sujets
« français capturés fussent jugés par des commissions anglaises !
« Heureusement pour nous il se trouve un article de la Charte
« qui défend de distraire les Français de leurs juges naturels,
« sans quoi nous aurions eu au Sénégal ou à la Martinique un
« tribunal mixte comme celui que l'Angleterre a établi à la Ha-
« vane et qui est présidé par un Anglais, M. Kennedy. M. l'a-
« miral Duperré eût trouvé cela, sans doute, une chose toute
« simple, en se couvrant de l'exemple des ministres de la ma-
« rine suédoise, de la marine danoise et de la marine papale !
« En quoi nous sommes étonnés que le brave amiral, que nous
« savons très chatouilleux quand il s'agit d'un acte qu'il s'ima-
« gine pouvoir engager sa fortune privée, se montre si coulant
« quand il s'agit d'actes qui engagent sa fortune politique, *sans*
« *compter l'honneur de la France.* »

La main sur la conscience, M. Granier, n'est-il pas un peu sur-prenant qu'un mauvais plaisant comme vous révoque en doute la bravoure de M. l'amiral Duperré ? Ni les adversaires du noble amiral, ni même les ennemis de la France n'ont jamais refusé de reconnaître à M. Duperré ce que vous lui contestez, bravoure et honneur. Et c'est vous qui vous êtes montré si coulant avec M. Nathan, de *race nègre,* avec M. Janvier, de race blanche, avec la canne de M. Schœlcher, avec *et cœtera, et cœtera, et cœtera ;* c'est vous, M. Granier, si *bon enfant* partout, toujours, qui osez dire que « M. Duperré, » ce collègue de M. Guizot (que vous appelez mon cousin), « pourrait se couvrir « de l'exemple du ministre de la marine du pape, lui qui se « montre si coulant quand il s'agit de l'honneur de la France. » Et votre honneur à vous, Monsieur, qu'en avez-vous fait dans les brillantes rencontres que nous venons de narrer ? Allons, Monsieur, si nous étions aussi mauvais catholiques que vous, nous dirions que vous vous battez comme un soldat du pape.

Voulez-vous, Monsieur, que nous donnions au public la clef de cette sortie inconvenante sur M. l'amiral Duperré ? vous ne vous en fâcherez pas ? Au reste, *tant pis*. Voici la chose : Vous aviez sollicité de M. l'amiral Duperré, ministre de la marine et des colonies, une subvention pour votre journal *le Globe*. Le ministre ne crut pas devoir être votre dupe, il refusa net la subvention. Alors, toutes les fois que l'occasion s'en présente, vous *épicez* M. Duperré ; vous lui payez l'intérêt de l'argent qu'il n'a pas voulu vous donner. Tenez, Monsieur, voyez si nous ne sommes pas bien au fait de ce que nous avançons. Cette phrase où vous dites : « Nous savons M. Duperré très chatouilleux quand « il s'agit d'un acte qu'il s'imagine pouvoir engager sa fortune « privée, » signifie que M. Duperré ne veut avoir rien à démêler, comme il le dit, avec la Cour des Comptes, à raison des subventions que vous avez sollicitées du ministre de la marine ; et de plus, que ce ministre refuse, pour le même motif, de sanctionner les décrets des conseils coloniaux qui allouent des fonds secrets pour votre journal. Voilà, Monsieur, la noble cause de votre mauvaise humeur contre M. Duperré.

Comme nous tenons à être juste envers vous et à produire tous les actes qui vous concernent avec une rigoureuse impartialité, nous dirons, au risque de blesser votre modestie, qu'une fois vous avez été brave, courageux, héroïque !!! — M. l'abbé Dugoujon avait écrit sur l'esclavage quelques notes par lui recueillies à la Guadeloupe où il a passé plusieurs années. Vous en fûtes contrarié et vous n'hésitâtes pas à signer une longue réfutation du journal *l'Univers*, qui avait accueilli les observations de M. Dugoujon. Cette fois vous ne vous êtes pas caché derrière la rédaction générale, vous avez mis de côté votre gérant, et vous vous êtes déclaré responsable des injures que vous adressiez à ce *prêtre* dans ce que vous appelez « *votre* « *langue de journaliste.* » — Quelques expressions hasardées par M. l'abbé Fourdinier, supérieur du séminaire du Saint-Esprit, sur M. l'abbé Dugoujon, expressions rétractées tout aussitôt avec loyauté par M. l'abbé Fourdinier, vous ont donné le courage d'insulter ces deux prêtres, à vous qui, trois jours auparavant, vous répandiez en complimens sur M. Fourdinier. Dans le même article où vous vous posez en matamore, en fier-à-bras, et où, vous adressant à M. l'abbé Fourdinier d'un ton superbe, vous lui dites : « Quant à *nous qui n'avons peur......*

« (c'est très remarquable)... *d'aucune commission* des affaires
« coloniales, et à qui la direction des colonies, tremblante sous
« le fouet de M. Passy et de M. Isambert, n'a pas de traitemens
« à faire perdre!!! , » vous revenez à M. l'abbé Dugoujon, et
vous accablez ce pauvre ecclésiastique de votre colère ou plutôt
de votre ruade ; vous dites à cet abbé : « Nous persistons à sou-
« tenir que M. l'abbé Dugoujon, ce prêtre dont parle et dont a
« parlé M. Fourdinier, n'a pu rester aux colonies à cause de ses
« violences, et que ses violences s'exerçaient surtout sur les pau-
« vres esclaves du presbytère de la paroisse de Sainte-Anne, es-
« claves que littéralement IL ASSOMMAIT DE COUPS. Est-ce clair ? Si
« M. l'abbé Dugoujon a un démenti à donner à ce fait, qu'il
« l'adresse au *Globe*, et non à M. l'abbé Fourdinier ; car c'est
« *le Globe*, et non M. l'abbé Fourdinier, qui a dit et qui répète
« que M. l'abbé Dugoujon a été aux colonies un homme cruel et
« méchant. »

Avant d'aller plus loin, permettez, M. Granier, que nous vous
demandions encore une explication. Pourquoi n'avez-vous pas
été aussi belliqueux dans vos réponses à M. Nathan, à M. Janvier, à M. Schœlcher ? Pourquoi surtout, lorsque M. Théodore
Lechevallier, gérant du *Globe*, déclarait qu'il n'était pas l'auteur des injures adressées à M. Schœlcher, n'avoir pas, de
guerre lasse, pris votre plume de gentilhomme et dit : « Si
« M. Schœlcher a une réparation à demander, qu'il s'adresse à
« moi, Granier, et non à M. Théodore Lechevallier ; car c'est
« moi, Granier, et non M. Théodore Lechevallier, qui ai dit et qui
« répète que M. Schœlcher a proféré contre sa mère des choses
« si horribles qu'on ne saurait les répéter. Est-ce clair ? »—Oui,
c'est clair. Eh bien donc, répondez, M. Granier, sur ce ton, à
M. Schœlcher, nous vous en portons le défi.

Nous tenions à établir votre moralité politique, votre courage
de journaliste *indépendant, vertueux et poli*, qualifications
que chaque matin vous donnez ironiquement aux hommes les
plus honorables et les plus courageux de la presse parisienne.
Maintenant nous allons passer à la réfutation des sales injures,
des infâmes calomnies que vous jetez avec tant de complaisance
aux nègres et aux mulâtres.

Nous ne laisserons pas passer un seul de vos mensonges. Vous
dites que le nègre ne sait pas manger avec ses mains. « J'ai vu,
« à la Havane, des nègres nouvellement débarqués, auxquels

« d'autres nègres mettaient le manger à la bouche comme à des
« enfans de six mois , et qui s'en barbouillaient le menton et le
« visage. » Vous dites là, Monsieur, un gros mensonge, et personne ne croira ce récit que vous avez voulu charger pour
dire quelque chose de curieux aux badauds qui liront votre livre.
Si vous avez vu des nègres nouvellement débarqués auxquels
d'autres nègres mettaient le manger à la bouche, c'est que probablement ces nègres nouvellement débarqués étaient dans l'état
où ils sont presque tous lorsqu'ils arrivent d'Afrique, entassés
dans les navires qui les transportent par cargaison aux colonies.
Ces nègres éprouvaient sans doute ce mal de mer que vous dites
avoir éprouvé vous-même dans la traversée, « *ce mal qui change*
« *les conditions physiques de la vie* , et qui vous fit rester cou-
« ché, anéanti, vous, M. Granier, pendant dix-sept jours et
« dix-sept nuits, comme vous le dites, avec des bottes d'hiver,
« un pantalon d'hiver, un paletot d'hiver, des gants d'hiver, un
« chapeau sur les yeux, » par conséquent barbotant dans vos
ordures. Ces nègres se ressentaient encore « des causes physi-
« ques du mal de mer, du bouleversement des lois de la perspec-
« tive, et du vertige qui en est la suite. » C'est là ce que
vous avez éprouvé , vous passager de la chambre, confor-
tablement traité , et n'étant pas, comme ces pauvres nègres,
encaqué dans l'entrepont , selon le régime des harengs.
Vous qui aviez toutes vos commodités comme passager, d'a-
près le tableau que vous faites de votre position et du
mal que vous avez éprouvé , vous étiez alors à l'état du
nègre d'Afrique, dans ce même état que la pudeur défend
de décrire trop rigoureusement, pendant les dix-sept jours et
les dix-sept nuits que vous avez si bien racontés. Ajoutons
que c'est peut-être votre état naturel quand vous avez *peur*
et quand vous apercevez de loin quelque canne *gigantesque* et
phénoménale. Ce qui justifie la conclusion que nous tirons contre vous, c'est que vous ajoutez plus bas : « Je ne connais pas
« de spectacle plus triste que celui d'une cargaison de nègres
« qu'on vient de débarquer. »

Revenant sur le courage du nègre ; vous dites encore « qu'il
« en faut au moins dix pour qu'ils osent résister à un blanc. » Si
cet argument est vrai, il faudrait conclure mathématiquement
que votre courage est au moins dix fois inférieur à celui du premier blanc venu, car probablement ce ne peut être de vous que

vous avez entendu parler en mesurant le courage du nègre,
vous qui n'avez pas eu le courage de résister à un nègre seul,
et qui avez eu *peur* de M. Nathan.

Quand vous ravalez le nègre, quand vous peignez son état
abject, vous dites « que ce sont de vrais enfans, bien paresseux,
« bien flâneurs, bien fantasques ; et lorsqu'on les étudie de près
« et qu'on entend parler de les livrer à eux-mêmes, on ne peut
« pas, quelque sérieux que l'on soit, résister au besoin de rire.
« Le nègre ne connaît pas de meubles et n'en a pas besoin ; au
« milieu d'un magasin de chaises il s'asseoirait par terre. Ils
« n'ont que deux postures, debout ou couchés. » Voilà un tableau hideuxqui fait d'un homme une bête. Maintenant, voici
un autre tableau qui va faire de cette bête un être plus civilisé
que le paysan français. « J'ai visité, dites-vous, beaucoup de
« cases à nègres, je n'en ai vu aucune plus mal tenue que la
« maison des paysans français, et j'en ai vu un assez grand nom-
« bre qui étaient meublées avec un grand luxe. » —Vous avez dit
plus haut que *le nègre ne connaît pas de meubles et n'en a
pas besoin.*—Poursuivons. « Ces cases renfermaient, par exem-
« ple, un beau lit en acajou massif, à colonnes torses, dont le
« moindre coûte 200 francs ; une belle commode du même bois,
« une glace, des chaises. »—Pourquoi acheter des chaises, puisque
les nègres n'ont que deux postures, debout ou couchés ;
puisqu'*au milieu d'un magasin de chaises ils s'asseoiraient
par terre ?*—Vous voyez, M. Granier, que vous parlez à tort et
à travers. Ou vous mentez sur la première version, ou vous
mentez sur la seconde : choisissez.

Après avoir reproché aux nègres de rester dans leur état natif,
de ne pas vouloir en sortir, vous ajoutez : « Les nègres, qui se
« croient dans l'obligation d'imiter tout, ont imité les danses fran-
« çaises, et les voilà coiffés de Trénis et de Musard. Il est vrai que
« cette profanation ne se voit que dans les villes ; les campa-
« gnes restent fidèles au bamboula, au tambour. » Vous arrivez
enfin à vous égayer sur de pauvres esclaves à propos d'un bal
auquel vous avez assisté, dites-vous, au Fort-Royal de la Martinique.— « On invitait les danseuses en leur offrant des roses
« mousseuses ; c'était charmant. Il pouvait y avoir environ cent
« cavaliers et autant de dames, tous noirs comme des *culs de
« chaudron.* »—Très bien dit.—« Il faisait, dans la salle du bal,
« une chaleur étouffante ; ces dames s'éventaient nonchalam-

« ment avec des mouchoirs de batiste. J'étais ébloui ! Malheu-
« reusement il régnait dans cette chaude atmosphère une *odeur*
« *de ravet* à donner des convulsions ; car voilà l'inconvénient
« terrible du nègre : il est beau quelquefois, mais rarement il
« sent bon. »

Vous ne tarissez pas en injures, et vous vous faites un plaisir
de ressasser les mêmes choses sous mille formes diverses. Après
avoir dit votre mot sur le nègre, vous arrivez au mulâtre ; mais
vous ne vous dessaisissez pas, pour cela, du nègre. Vous déco-
chez ce dernier trait : « Jamais un nègre n'a été, pour une blan-
« che des colonies, qu'un Africain fort laid, assez grossier, mé-
« diocrement propre et d'une odeur passablement suffocante. Il
« n'est pas possible de passer près d'un nègre, même à dix pas,
« sans être saisi par son odeur, une odeur chaude, musquée et
« nauséabonde ; odeur congéniale et permanente, à laquelle
« tous les bains du monde ne font rien. » — Nous connaissons
plus d'une blanche à la Martinique et à la Guadeloupe, et de
fort bonnes maisons, qui n'éprouvent pas pour le nègre ce pro-
fond dégoût, et à qui cette *odeur ne paraissait pas trop nau-*
séabonde, car, dans leurs relations intimes avec des nègres,
elles ont créé et mis au monde de charmans petits mulâtres. Mais
qu'importe que le nègre soit *rarement beau, qu'il ne sente*
pas bon, la question n'est pas là : il s'agit de prouver que vous
avez le droit de le maltraiter, de le fouetter et de le vendre au
marché !

« Le mulâtre, dites-vous, est fils d'un blanc et d'une né-
« gresse. » Et vous ajoutez : « C'est à grande intention que je
« dis fils d'un blanc et d'une négresse, et non fils d'un nègre et
« d'une blanche ; car, et ceci est un trait caractéristique de la
« Française des colonies, jamais on n'a cité, et probablement
« de long-temps on ne citera une blanche créole qui se soit al-
« liée à un nègre. » Le pourquoi ? vous venez de le dire et vous
l'aviez déjà expliqué à votre manière dans ce malencontreux article de la *Revue de Paris,* qui vous valut à Haïti un si brillant
accueil. Vous aviez dit « qu'il n'y a probablement pas d'exemple
« d'un mulâtre né d'une blanche et d'un noir. Les noirs, hom-
« mes et femmes, sont tous dans l'abrutissement ; ils passent
« presque nus dans les rues des villes et dans les chemins de la
« campagne, sans qu'aucune idée de libertinage puisse naître de
« leur aspect ; leur abjection dissimule leur sexe. Et puis, les

« blanches sont élevées dans des idées on pourrait dire si fières,
« si nobles, si distinguées, si princières, qu'à supposer qu'il
« s'en trouvât dans le nombre qui fussent de mœurs peu rigou-
« reuses, ce ne serait jamais un valet, moins qu'un valet, un
« esclave, moins qu'un esclave, un homme noir, sale et stupide,
« qui pourrait triompher de leur orgueil de femmes, de leur
« dignité de maîtresses, de leur devoir de filles ou de mères. »

Nous aurions de fort bonnes choses à vous répliquer sur la
fierté, la noblesse, la dignité princière des femmes blanches des
colonies, si nous voulions nous donner la peine de discuter avec
vous ces questions irritantes; ce n'est pas avec des phrases
artistement cadencées que nous l'eussions fait, mais avec des
faits, avec les pièces à l'appui, avec une nomenclature d'actes
authentiques dont nous sommes possesseurs, que nous réfute-
rions vos injures, que nous repousserions vos mépris. Mais à
quoi bon inquiéter un grand nombre de familles respectables
qui ne nous attaquent pas et qui doivent blâmer le thème que
vous vous êtes fait pour justifier l'esclavage des noirs? Quand
nous affligerions des familles blanches par l'histoire de leurs
faiblesses coupables et de leurs déréglemens; quand nous re-
produirions au grand jour des actes qui attestent que plus
d'un *nègre sale et stupide* a triomphé de l'orgueil, de la
dignité, du devoir de plus d'une maîtresse, de plus d'une fille,
ou d'une mère, ou d'une *princesse,* comme vous appelez les
femmes créoles, en quoi tout cela modifierait-il la question de
l'abolition de l'esclavage, de l'esclavage que vous voulez maintenir, de l'esclavage que nous travaillons, nous, à détruire aux
colonies? Nous ne prouverions rien en faveur de la solution de
cette grande question, pas plus que vous ne prouvez contre
elle avec vos injures; et vous ne retarderez pas cette abolition
avec vos sophismes, vos paradoxes, ajoutons avec votre lâcheté
gigantesque et phénoménale.

Après avoir dit « que l'origine des mulâtres est tout extra-
« morale et extra-légale : qu'il n'y a pas un seul mulâtre qui ne
« soit enfant naturel, ou qui ne descende d'enfans naturels, »
vous ajoutez : « C'est là une des causes puissantes qui empê-
« chent les alliances entre la classe blanche et la classe de cou-
« leur; et, de deux choses l'une, ou il faut maintenir l'*anathème*
« *social* qui pèse sur les bâtards, ou il faut abolir le mariage. »
Voici notre réponse, il y a long-temps que nous vous l'avions

déjà faite : Les mulâtres sont le fruit de la violence ou de la séduction envers de jeunes esclaves noires, ou du caprice et de l'infidélité des épouses blanches ; s'il y avait quelque infamie pour eux dans ces souillures de leur origine, ils renverraient cette infamie à ceux-là même qui s'en sont rendus coupables ; mais les mulâtres n'y voient aucun sujet d'affliction, pas plus que les colons blancs n'en ressentent de leur qualité de descendans de tous les écumeurs de mer qui ont fait souche de noblesse.

Poursuivant votre thème, vous dites : « Il y a encore d'autres « raisons qui s'opposent à la fusion des blancs et des hommes de « couleur, raisons moins graves et moins sévères que celles qui « prennent leur source dans l'irrégularité des mœurs, mais qui « n'en ont pas moins leur réalité et leur importance. Tous les « mulâtres sont domestiques ou descendans de domestiques. » Cette espèce de flétrissure morale que vous voulez attacher à toutes les générations de la race noire pour justifier le préjugé de la couleur, la *noblesse de la peau*, est un mensonge, une monstruosité. Ici, vous faites de tous les mulâtres des domestiques, et quelques lignes plus bas, la vérité se fait jour malgré vous ; car vous dites : « Qu'on trouverait difficilement aux colo-« nies un mulâtre qui voulût faire métier de colporteur et d'of-« frir des marchandises à domicile. »—Ceci est vrai, et la répugnance pour ce genre d'industrie, répugnance qui empêche non seulement les mulâtres, mais les créoles blancs de l'exercer, vient de l'horreur générale pour la domesticité. L'esclave seul fait ce métier, parce qu'il est à la fois meuble par destination et domestique, et c'est pourquoi le mulâtre et le créole blanc ne l'exercent pas. C'est là un préjugé de la société coloniale, préjugé qui tire sa source de l'esclavage.

Il en est de même du travail de la terre, auquel est condamné l'esclave ; l'esclave seul bêche la terre ; la terre sera bêchée un jour aux colonies par le blanc et par le mulâtre, lorsque l'esclavage aura disparu de ces contrées. Au reste, Monsieur, long-temps avant vous un conseiller des colonies n'avait pas eu honte d'imprimer ces mots impies : « Qu'il fallait ne souffrir *aucuns mu-*« *lâtres* propriétaires ; qu'il fallait confisquer leurs propriétés « pour les réduire à l'état de domesticité. » Ce magistrat était de Saint-Domingue. Ce n'est pas d'aujourd'hui, comme vous voyez, que des hommes absurdes comme vous, veulent faire des domestiques de tous les mulâtres. Vous savez comme les mulâtres de Saint-Domingue y ont répondu ; nous n'avons pas besoin de le rappeler ici.

Nous éviterons de discuter sur « l'irrégularité des mœurs, » sur « l'anathème social qui pèse sur les bâtards. » Nous nous contenterons de vous dire en passant ce que vous paraissez ignorer touchant l'origine des familles blanches des colonies. Nous ne voulons blesser personne, quoique nous en eussions bien le droit ; nous ne voulons reprocher à aucune famille blanche des colonies ce grand crime de la bâtardise. Nous vous l'avons dit ailleurs, nous le répétons ici : les mulâtres sont nés du mélange des deux races ; si cette origine est une honte ou un malheur, les mulâtres n'ont point à en répondre : c'est aux blancs à expier un double crime. Il y a long-temps que nous avons conquis une place dans la société, et nous n'avons rien à expier. Encore une fois, nous ne pensons pas que ces discussions fassent grand chose à la question de l'abolition de l'esclavage, à la question du préjugé de couleur qui est la conséquence de celle-ci ; car, si l'origine bâtarde des mulâtres était un obstacle à leur fusion avec les blancs, il faudrait pour cela que les blancs pussent prouver qu'ils sont purs de cette souillure, si c'en est une ; et c'est ce qu'ils ne feront jamais ; c'est ce que nous les défions de faire, car nous avons en main des pièces officielles, authentiques, qui datent de l'origine même des colonies jusqu'à nos jours, et nous pourrions vous édifier, Monsieur, sur l'origine des familles blanches de la Guadeloupe et de la Martinique, si jamais des colons, eux-mêmes, portaient la discussion sur le terrain où vous l'avez si maladroitement placée. Il ne nous sera pas difficile, à nous, de prouver que les plus grands noms des colonies, les plus grandes familles nobiliaires, ces familles patriciennes de l'ancienne magistrature coloniale, comptent des bâtards dans leur arbre généalogique ; que votre anathème social n'a pas empêché ces bâtards de contracter des alliances ; que votre dilemme : « ou de maintenir cet anathème social qui pèse sur les bâtards, ou « d'abolir le mariage, » est un non-sens puéril. Nous persistons à dire que nos preuves ressortent des actes de l'état civil même ; que nous sommes prêts à en donner communication à qui le désire. En attendant, vous pouvez, M. Granier, vous assurer de la vérité de nos assertions auprès d'un homme dont l'opinion ne vous sera pas suspecte ; c'est un de vos collaborateurs, M. Duclary, l'ancien président de cour royale destitué, pourra vous dire s'il n'est pas vrai, comme nous l'affirmons, qu'on trouve des bâtards dans les familles blanches de la Martinique, lesquelles familles bâtardes ont compté de leurs très proches parens dans l'ancienne cour royale dont il faisait partie. Cessez donc, avocat maladroit, de voir des bâtards dans tous les mulâtres, puisque vous avez tant de bâtards parmi vos gentilshommes. Ce n'est pas avec nous qui connaissons si bien les hommes et les choses des colonies, qu'on essayera de joûter sur ce terrain. Vous répondrez des injures, des calomnies dans le *Globe* pour gagner votre argent ; mais plus d'une famille créole, parmi les plus huppées, se sentira mal à l'aise, en vous entendant fulminer l'anathème contre les bâtards. On nous saura gré, au contraire, de notre réserve et de notre discrétion.

« Les mulâtres, dites-vous, sont des esprits faibles, ils sont « superstitieux, ont peur des sorts et portent des amulettes. « Individuellement, le péril les ferait peut-être reculer ; en « nombre et bien commandés, ils sont braves comme des lions. » —Individuellement et sans être bien commandés, ils sont braves, et, si vous pouviez être juge de la bravoure de qui que ce soit, nous en appellerions à votre propre expérience. M. Nathan était seul, il n'était commandé que par son propre mouvement. — Il y a des esprits faibles dans toutes les classes de la société coloniale, et nous pourrions citer tel blanc, commandant la garde nationale à la Martinique, qui avait peur des sorts et qui portait des amulettes. Il se disait *monté, sorcié*, dans son langage créole, et nous autres mulâtres, nous nous moquions de lui, à sa barbe, malgré la violence du préjugé.

« Le fléau des Antilles, c'est la classe des hommes de cou- « leur. » Le fléau des Antilles, Monsieur, ce sont les écornifleurs qui y vont chercher aventure ; les mendians qui vont faire croire aux colons qu'ils tiennent le *haut du pavé* dans la presse parisienne ; les ribauds et les truands qui y vont vendre leur plume, qui souillent, qui déshonorent la presse en défendant l'esclavage, en justifiant les plus horribles cruautés ; le fléau des Antilles, ce sont ces écrivains subventionnés, méprisés et méprisables, qui font métier d'injurier, de calomnier, de diffamer, en se flétrissant, en perdant ce qu'il leur restait d'honneur, si peu que ce fût !

« Lorsque les droits civils et politiques furent donnés aux « mulâtres, ce *joujou* les jeta dans une assez grande fermenta-

« tion. Ils croyaient, comme les pauvres esprits de France, aux-
« quels les journaux le persuadent, que les droits politiques me-
« naient à la fortune et à la considération, sans travail. Leurs
« nouveaux droits les rendirent querelleurs, et ils eurent sept
« ou huit duels avec les blancs, de ces duels des Antilles-Fran-
« çaises et de la Louisiane, avec un fusil à deux coups à dix pas.
« Les pauvres mulâtres furent tous tués, et les blancs ne reçu-
« rent pas une égratignure. Ils sont aujourd'hui généralement
« fort paisibles, véritables lazzaroni, vivant à moitié de paresse
« et de soleil, etc. »

Les mulâtres n'ont point été jetés dans une grande fermenta-
tion lors de la déclaration de leurs droits civils et politiques, que
vous appelez un *joujou*. Nous allons vous dire comment ils ont
accueilli ce *joujou* et ce qu'ils ont fait.

Depuis plus de douze ans, avant la déclaration de ces droits
civils et politiques, les mulâtres travaillaient à faire reconnaître ces droits; ils n'ont pas été surpris lorsque la France les a re-
connus. Aucune démonstration de joie n'eut lieu à l'occasion de
ce grand acte de réparation politique; aucune provocation ne
fut adressée aux blancs; les nouveaux droits ne rendirent point
les mulâtres querelleurs; mais l'égalité rétablie, les créoles
blancs qui sont braves, n'éprouvèrent pas de répugnance à
se battre avec les mulâtres qui sont braves aussi. — Vous
avez dit que « les anciennes mœurs françaises font que les discus-
« sions entre créoles tournent aisément au duel. » Eh bien ! rien
donc d'étonnant qu'il y ait eu quelques duels entre les blancs et
les mulâtres. Mais il est faux que les pauvres mulâtres aient été
tous tués. Une seule rencontre malheureuse eut lieu à cette épo-
que à la Martinique, et c'est le blanc, M. Gigon, et non le mulâtre, qui fut tué. Dans les autres duels à la Guadeloupe comme
à la Martinique, il y eut des blessés des deux côtés. Ces explications sont très peu importantes, nous l'avouerons; mais puisque
vous paraissez y attacher quelque prix, nous devons signaler
vos mensonges et faire apprécier votre livre, quoiqu'il ne soit
encore qu'à l'état de feuilleton. Dieu veuille qu'il n'ait pas, ce
pauvre livre, le sort du premier que vous avez écrit sur les
races nobles, lequel ne s'est encore vendu qu'à trois exemplaires !

—Les mulâtres et les colons, disons-nous, sont braves, et ils ne
se refusent pas cette mutuelle justice, malgré les haines et les préjugés qui les divisent. Mais vous, M. Granier, quelle manie vous

poursuit donc de parler toujours de ces choses-là, et d'y revenir si souvent? Serait-ce par hasard pour vous étourdir sur vous-même, et faire croire à vos amis d'Europe que vous êtes devenu brave parce que vous avez contracté alliance avec une famille de braves qui vous connaissait peu? Eh, mon dieu! M. Granier, vous aurez beau vous déguiser, vous êtes connu..... Et lorsque des colons et des mulâtres se rencontreront en champ clos, ils vous excluront, Monsieur, car là où l'honneur est en jeu, vous n'avez rien à faire.

Les mulâtres n'ont point accueilli comme un *joujou* les droits politiques. Exclus par les préjugés et les réglemens coloniaux, tels que les avait faits un parti de privilégiés, dont la mauvaise queue vous soudoie aujourd'hui, espérant peut-être ramener l'ancien ordre de choses, les mulâtres sous ce régime n'avaient devant eux aucun avenir; ils durent croupir dans l'enfance! Mais voulez-vous savoir quel pas ont fait ces mulâtres depuis dix ans, que toutes ces digues, toutes ces barrières sont rompues? Parcourez les pensions et les colléges de Paris et des départemens, visitez les écoles de Droit et de Médecine, l'école Polytechnique. Là, vous apprendrez que cette race de couleur que vous traitez avec tant de dédain, fournt chaque année des hommes instruits qui vont reporter dans leur pays natal les bons et généreux sentimens qu'ils ont puisés dans la mère-patrie. L'école Polytechnique a déjà vu deux mulâtres de la Martinique et de Cayenne, et l'un d'eux est employé à l'inspection d'artillerie au ministère de la marine. De jeunes médecins mulâtres exercent leur profession libérale aux colonies. Le barreau et la magistrature comptent des mulâtres à la Martinique, à la Guadeloupe et à Cayenne. A Paris, l'école Normale possède un mulâtre, sujet distingué, et ce mulâtre est de la Guadeloupe; c'est celui-là même qui, pendant deux années, remporta les premiers prix d'honneur dans les concours de l'Université. Le Sénégal a fourni trois ecclésiastiques, un nègre et deux mulâtres, élèves du séminaire du Saint-Esprit. Patience, Monsieur, le temps est un grand maître, et vous verrez bientôt ce que ce *joujou* a été pour les mulâtres, et s'ils en ont fait un si triste usage. Quelle est la classe d'hommes qui, malgré toutes les restrictions et l'indifférence du pouvoir, malgré la résistance de l'aristocratie de la peau, ait en aussf peu de temps fourni de plus honorables contingens à la société? Cessez, Monsieur, de ca-

lomnier des hommes qui valent mieux que vous, qui ont plus
d'honneur, plus de cœur, plus de moralité, plus de religion que
vous. Ces jeunes mulâtres, dont nous parlons, ne repoussent pas
les nègres, « à proportion qu'ils s'élèvent, ni ne se séparent
« d'eux, ainsi que vous le dites, par suite de ce sentiment na-
« turel aux parvenus, qui leur fait mépriser les gens de la condi-
« tion d'où ils sortent. » Ces jeunes mulâtres ne vous imiteront
pas, Monsieur, vous qui, pour vous exercer aux vertus de l'ancienne noblesse, aviez fait vos premières armes dans l'arrière-
boutique d'un apothicaire, et qui n'avez aujourd'hui que mépris
pour les gens de métier, que dédain et répulsion pour les *marchands de bois du National* et les *marchands de faïence,*
comme M. Schœlcher. Les parvenus qui se méconnaissent au
point de *mépriser les gens de la condition d'où ils sortent,*
sont des sots, en quatre lettres, Monsieur; et ceci nous prouve
que vos titres de savant, d'homme d'honneur et d'homme
d'esprit ne valent pas mieux que vos titres de noblesse.

BISSETTE,

Rédacteur de la Revue des Colonies

Imprimerie et Fonderie de E.-J. BAILLY, place Sorbonne, 2.